AF343755

ÉLOGE

DE

M. MARC-ANTOINE PETIT.

ÉLOGE

DE

M. MARC-ANTOINE PETIT,

Docteur en Médecine, ancien Chirurgien en chef de l'Hôtel-Dieu de Lyon ; Membre du Conseil municipal de la même ville ; Correspondant de l'Institut ; Membre de l'Académie des Sciences, Belles-Lettres et Arts de la ville de Lyon, et de plusieurs Sociétés savantes, tant nationales qu'étrangères.

Par M. CARTIER, ancien Chirurgien en chef de l'Hôtel-Dieu de Lyon, Docteur en médecine ; Membre de plusieurs Sociétés savantes.

Lu dans la séance publique de l'Académie de Lyon, le 3 Septembre 1811.

Imprimé par ordre, et aux frais de cette Compagnie.

LYON,

IMPRIMERIE DE BALLANCHE.

1811.

ÉLOGE

DE M. MARC-ANTOINE PETIT.

MESSIEURS,

EN acceptant la tâche difficile de louer l'homme recommandable qui fait l'objet de nos regrets , et que l'opinion publique a environné de toute sa faveur , j'ai sur-tout suivi l'impulsion de mon cœur : son ombre ne repoussera point ce faible hommage offert par celui qui fut, pendant de nombreuses années, le compagnon de ses travaux et le témoin de ses succès , et à qui il transmit le poste qu'il rendit difficile à occuper par l'éclat qu'il sut répandre autour de lui. Encouragé par de tels souvenirs, par le cri de la douleur générale , si je ne suis pour lui un éloquent panégyriste , je serai du moins un historien exact de ce qu'il a fait pour la gloire et pour l'humanité.

Marc-Antoine Petit nacquit à Lyon , en l'année 1766 , il passa tout le temps de son enfance dans différens colléges , où il reçut une éducation libérale ; et dès sa plus tendre jeunesse, on vit se développer en lui le germe de cette imagination active qui a toujours formé une des brillantes qualités de son esprit. L'étude de la chirurgie , qu'il embrassa au sortir des humanités , fut un vaste champ proposé à l'inquiète activité de son intelligence.

Nous ne devons pas oublier de rappeler ici les prix qu'il remporta dans les premières écoles où il parut : ces triomphes sont presque toujours les prémices des succès qui nous attendent dans la société ; ils font naître une noble émulation dans nos ames, et ne permettent plus d'occuper le rang de la médiocrité. Malheur au jeune homme qui , dans le cours de ses études , ne se sent pas enflammé du désir d'obtenir ces précieuses récompenses ! son esprit est condamné à s'éteindre dans une funeste inaction , et l'arbre qui ne s'est pas couvert de fleurs dans le printemps, ne nous promet pas de fruits pour une autre saison.

C'est après avoir passé les premiers temps de sa jeunesse dans les hôpitaux de cette ville, où il avait été appelé par des concours, que le jeune Petit se rendit à Paris, pour y donner plus d'extension à son éducation chirurgicale. Là , des succès d'un ordre plus relevé l'attendaient ; il obtint un prix remarquable dans les écoles pratiques de chirurgie , et on l'y distingua par cette élocution facile et brillante , qui lui donna depuis tant d'avantages , toutes les fois qu'il eut à exposer ses idées en public.

L'administration de l'Hôtel-Dieu de cette ville , ayant indiqué le concours pour la place de chirurgien en chef , en 1788 ; Petit s'empressa d'y disputer la palme , et l'on admira durant le cours des discussions , l'ordre avec lequel il classait ses idées , la manière brillante de les exprimer et l'étendue variée de ses connaissances, dans un âge si peu avancé. Proclamé vainqueur au milieu de rivaux bien dignes d'honorer sa victoire , les écoles de Paris le virent accourir de nouveau dans leur sein. Il s'attacha dès-lors plus particulièrement à la doctrine d'un homme , à qui les chirurgiens modernes doivent tant de reconnaissance , le célèbre *Desault* ; et il fréquenta , sous ses auspices , l'Hôtel-Dieu de la capitale, ce vaste théâtre des misères humaines, où se reproduisent sous tant de formes , tous les maux qui affligent l'humanité.

La célèbre école de Montpellier le reçut à son tour , lorsqu'il eut abandonné celle de Paris ; et après avoir consommé son éducation médicale, il entra dans l'Hôpital de Lyon comme chirurgien en second , pour se former à l'art de mettre en pratique les leçons des grands maîtres. Ses loisirs ne furent point perdus à cette époque pour la noble émulation : il disputa le prix proposé par l'Acacadémie royale de chirurgie , au sujet de la meilleure forme à donner aux aiguilles courbes dont on se sert dans les opérations. Ce travail ne pourrait paraître minutieux qu'à ceux qui ne croiraient pas qu'il n'y a rien de minutieux dans un art qui s'occupe de la santé des hommes, et que tout y est ennobli par le but de combattre le sentiment de la douleur , si fortement ennemi de la nature de l'homme. Les orages de la révolution l'ayant écarté quelques instans , il ne succéda à M. Rey , qui remplissait alors les fonctions de chirurgien en chef avec honneur et distinction, que quelques mois après le siége.

L'Hôtel-Dieu de Lyon qui avait tant souffert pendant nos troubles politiques, commençait à se réorganiser lorsque Petit fut chargé d'y exercer les fonctions de sa nouvelle place :

Son entrée fut marquée par l'activité la plus grande ; ses vues se rapportèrent d'abord à la formation d'un enseignement auquel nous concourûmes nous-mêmes par quelques soins. Des Cours d'anatomie et de chirurgie furent institués avec les encouragemens d'une administration qui voulait le bien ; le docteur Petit y apporta beaucoup de zèle, et ses soins furent bientôt encouragés par un nombreux concours d'élèves. Ses instructions se composaient de la théorie et de la pratique de l'art : dans la première, il développait avec clarté les principes de la chirurgie à de nombreux disciples, et faisait disparaître la sécheresse des préceptes par l'élégance de son langage ; dans la seconde, il les instruisait de la pratique de l'art, en exposant à leurs yeux le tableau vivant des maladies, en interrogeant la nature sous leurs regards, avec le discernement et la sagacité que nous lui avons connus.

Il eut le talent de faire partager aux élèves même l'activité de cet enseignement, et peut-être ceux d'entr'eux qui assistent à cette assemblée se rappelleront la vive émulation qui régnait parmi eux, pour exposer l'histoire des maladies avec fidélité, et pour pressentir la pensée de leur maître , sur le traitement qu'il fallait leur opposer. Son école acquit en peu de temps beaucoup d'importance ; les élèves qui en sortirent honorèrent , pour la plupart, la chirurgie lyonnaise , dans les différens lieux où ils eurent à donner les preuves de leur savoir , et dans ceux où ils furent appelés à exercer l'art de guérir.

Le docteur Petit ouvrait le cours de chaque année par un discours public , qui tendait à ranimer l'émulation de ses disciples : son genre d'éloquence était très-propre à produire cet heureux effet. Soit qu'il traçât la manière d'exercer la bienfaisance dans les hôpitaux , et qu'il s'adressât ainsi au cœur de ses élèves avant de parler à leur esprit ; soit qu'il payât un tribut de reconnaissance et d'admiration au maître habile dont il avait reçu les leçons, et qui avait contribué à répandre le goût de la saine chirurgie dans toute l'Europe ; soit qu'il approfondît les effets, sur la santé des hommes, d'une révolution qui avait bouleversé tous les élémens de l'ordre social ; soit enfin , qu'il peignît les phénomènes de la douleur , ce sentiment terrible , qui est un des tristes apanages de l'humanité , et dont il était destiné à épuiser un jour l'amertume. Son style rempli de chaleur, brillant d'images, riche d'expressions, et dans lequel une littérature sévère blâmerait peut-être l'excès de ces brillantes qualités, avait le pouvoir merveilleux de faire naître et de soutenir l'ardeur des jeunes gens, avides de l'entendre.

Témoin, à cette époque, des travaux et des succès de Petit, nous le vîmes se former par une gradation rapide, à l'art des opérations. Il se dirigea dès le commencement de son exercice avec une sage circonspection, qui s'éloignait également de la timidité qui se méfie trop de ses forces, et d'une présomptueuse hardiesse : il acquit en peu de temps cette habileté à opérer, qui ne se compose pas moins de la présence d'esprit et de la fermeté de la tête, que de la dextérité des mains : le talent de l'opérateur est beaucoup plus rare qu'on ne pense ; on s'en formerait une idée très-fausse, si l'on croyait qu'il a pour limites la connaissance de sa théorie.

Qu'on se représente la force d'ame qu'il faut conserver au milieu des cris de la douleur, dans le trouble qu'on porte en tout l'être de celui qui est soumis à une cruelle épreuve, la sage alliance qu'il faut faire de la fermeté, qu'il serait si dangereux de perdre, et de la

sensibilité qui s'efforce de diminuer la masse
des souffrances : cet art est celui de quelques
ames privilégiées , dans lesquelles la nature
a établi un juste équilibre des différentes
affections ; cet art , qui serait le plus barbare
de tous s'il n'était le plus humain , Petit le
posséda à un haut degré de perfection. Nous
l'avons toujours vu opérer , dirigé par le
calme de l'esprit , par la délicatesse de la
main et des sens , sans jamais se départir de
la sensibilité du cœur qui se rapporte toute
entière à l'individu souffrant , et qu'il faut
bien se garder de confondre avec cette irrasci-
bilité physique , qui est toute individuelle et
qu'on décore trop souvent du nom de sensibilité ; c'est là l'espèce de sensibilité que le
chirurgien opérateur doit faire taire : pour la
véritable , pour celle qui part de l'ame , qui
se compose de ses plus douces émotions ;
elle ne doit jamais l'abandonner , et forme
un de ses attributs indispensables.

La chirurgie opératoire est forcée , dans
quelques cas désespérés , de sortir d'une
craintive circonspection , pour s'élever à une
salutaire hardiesse. Nous avons vu le praticien
habile qui fait l'objet de nos regrets ; porter
le feu dans l'arrière-bouche , pour détruire

une pustule maligne , dont l'effet eût été funeste en peu d'heures , sans ce secours efficace. Cette opération inusitée , sagement audacieuse , fut justifiée par le plus prompt succès , et nous vîmes sous l'action du feu même , se relâcher le spasme suffocant qui faisait périr infailliblement le malade.

Qu'il est beau ce triomphe de l'art , si complet et si prompt , sur une maladie aussi terrible que celle qui allait trancher le fil des jours de l'infortuné dont je viens de rappeler l'histoire! J'ai encore présens à mon souvenir le tableau des cruelles angoisses dont il était accablé, le brusque empressement avec lequel il accepta l'épreuve cruelle qu'on lui proposait , l'espérance qui lui sourit au moment où il ne faisait que changer de nature de douleur , enfin , le soulagement et le retour à la vie , dont il éprouva le sentiment intime quelques instans après l'emploi de ce terrible remède. Ce succès m'a toujours paru un des plus brillans que puissent obtenir les moyens actifs de la chirurgie , et on ne saurait combler de trop d'éloges , celui qui trouva dans une hardiesse inspirée par le génie de l'humanité , une ressource que semblent repousser les règles d'un art et d'une prudence ordinaires.

La Chirurgie française, qui peut se glorifier
avec justice d'être la première de l'Europe,
avait atteint un haut degré de perfection
lorsque Petit eut à l'exercer sur le vaste théâtre
de l'Hôtel-Dieu de Lyon ; sa vive imagination
aurait été très-propre à inventer des procédés
ingénieux, si les richesses de l'art eussent été
moindres à cette époque : mais l'on sait que
le siècle dernier n'a rien laissé à désirer sous
le rapport des méthodes d'opérer et des
instrumens les plus convenables ; et lorsque
les règles du vrai et du bon ont été une fois
posées, le désir de perfectionner ne produit
le plus souvent que des conceptions forcées,
et qui outre-passent le but qu'on se propose
d'atteindre.

Son génie actif lui fit cependant modifier
le traitement de quelques affections chirurgi-
cales. Dans l'hydrocèle, il associa avec beaucoup de bonheur le séton au caustique ; et
cette manière de procéder réunit les avantages
de graduer la douleur, de modérer à son gré
l'inflammation, et de conduire à la cure,
avec cette gradation nécessaire dans une
maladie dont il serait quelquefois utile de
pouvoir suspendre ou arrêter la guérison.

Pour les plaies qui pénètrent dans la cavité

de la poitrine, il conçut l'heureuse idée de réunir la solution de continuité et de s'efforcer de fermer toute entrée à l'air. J'ai imité constamment cette manière d'agir, pendant mon exercice de chirurgien en chef de l'Hôtel-Dieu, et j'ai toujours remarqué qu'en s'y conformant on portait moins de trouble dans la respiration, on favorisait la résolution du sang épanché, en prévenant les suppurations consécutives.

Il est une espèce de dépôts qui ne souffrent point impunément de contact avec l'air; ce sont certains dépôts froids, et ceux que la chirurgie désigne sous le nom de dépôts par congestion : Petit voulait qu'on les ouvrît avec un poinçon acéré et rougi au feu, et qu'on les vidât ensuite à l'aide d'une ventouse. Ce procédé, qui part d'une imagination ingénieuse, s'accorde avec les vues de tous les praticiens habiles, dans le sens de ne pratiquer que de très-petites ouvertures ; mais l'expérience a démontré que l'action de la ventouse devait être bornée aux dépôts véritablement froids, dans lesquels il est nécessaire d'exciter une inflammation factice. Un semblable effet nuirait pour les dépôts par congestion, qui ne sauraient s'enflammer sans qu'il en résulte de grands maux. Ce mode d'opérer, modifié d'après les vues que nous venons d'indiquer, doit être maintenu au nombre des moyens qui accroissent les richesses de l'art, et dont il peut faire au besoin une heureuse application.

La confiance que Petit s'était acquise pendant son séjour à l'Hôtel-Dieu, ne fit que s'accroître lorsqu'il fut livré complètement à l'exercice de son art dans la ville. La renommée, qui pour le commun des hommes est le fruit du temps et d'une lente gradation, se forma pour lui avec son apparition dans le monde ; il fut consulté à l'envi, non-seulement par ses concitoyens, mais encore par les habitans de toutes les provinces voisines ; on l'appela au loin pour pratiquer des opérations importantes.

Si dans le cours d'une grande pratique de son art, il lui arrivait d'éprouver des revers, qui sont dans l'ordre de la nature et qu'on a si souvent l'injustice d'imputer au médecin, l'opinion publique ne lui retirait un instant sa faveur, que pour revenir à lui avec un empressement plus grand. Heureux celui qui possède ainsi l'art de plaire ! Nous en faisons un titre d'éloge au docteur Petit, parce qu'il

était

était porté si loin chez lui , qu'on ne pouvait l'y considérer comme un don complet de la nature , et qu'il avait dû travailler à donner à son caractère cette heureuse égalité , qui est le charme le plus puissant pour attirer les hommes , cette douceur qui ne se démentait jamais dans ses rapports avec eux.

Il nous est impossible de le suivre dans les détails infiniment variés de ses travaux ; on ne le rechercha pas moins pour les maladies qui demandent, outre la perspicacité de l'esprit, la maturité du jugement, et dont l'âge avancé semble s'être réservé le traitement, que pour celles qui exigent de plus , la finesse des sens et la dextérité des mains , et dont il avait fait l'objet des études de sa jeunesse.

Il est difficile que les travaux et les succès de l'art de guérir puissent être appréciés en détail dans un éloge ; et ils ne le sont par le public que d'une manière vague et confuse. Le médecin est souvent réduit à ne chercher que dans le témoignage de sa conscience le prix du bien qu'il a fait à ses semblables ; il faut quelquefois développer plus de génie, plus de combinaisons de l'esprit, dans le traitement d'une maladie , que pour une découverte dans les sciences , pour une création

B

nouvelle dans les arts ; mais tout échappe, sous ce rapport, à la sagacité des hommes ; et celui qui doit à l'art de guérir le plus grand bienfait , n'est pas toujours le dernier à l'oublier.

La vie du médecin est donc un exercice continuel des facultés de l'esprit et de ses combinaisons les plus déliées. Le docteur Petit y joignait, à un degré éminent, l'expansion d'un cœur bienfaisant ; et c'était la vive expression de sa sensibilité qui tendait sur-tout à lui concilier la bienveillance générale. L'être qui souffre veut être plaint, et les doux enchantemens de la parole ont aussi leur pouvoir pour calmer la douleur.

Donnons à un éloge sa véritable mesure ; d'autres pouvaient, comme Petit , posséder une vaste connaissance des maladies ; d'autres pouvaient comme lui pénétrer profondément dans l'étude de notre organisation ; d'autres enfin , pouvaient, comme lui , mériter la confiance ; mais nul ne savait l'inspirer comme lui.

C'est dans la culture des belles-lettres que ce praticien laborieux chercha le délassement de ses travaux multipliés ; il consacra quelques loisirs au talent de la poésie ; et il faut avouer que sous ce rapport il eut un grand nombre de détracteurs. Il est certain que dans la langue de Despreaux et de Racine, on doit juger sévèrement les productions poétiques ; mais quoique la nature de mes études me permette peu de m'ériger en juge du poëte , je ne crains pas d'avancer que l'auteur des *Épîtres à Forlis* abonde en vers heureux et faciles , nous offre des préceptes exprimés avec tout le charme de la poésie , des peintures dans lesquelles on n'est pas moins entraîné par la chaleur du sentiment que par la richesse de l'imagination ; que le *Tombeau du mont Cindre* , quoique plus faible en général, quoiqu'ayant plus particulièrement éprouvé les traits de la critique , nous rapelle fréquemment l'auteur des Epîtres.

Il resterait à justifier le médecin de s'être livré aux travaux du poëte : à cet égard , nous ne saurions repousser les plaintes du public , qui craignait de perdre un seul instant des veilles de celui qui était l'objet de sa prédilection ; mais nous ne partageons pas l'opinion de ceux qui prétendent qu'un vif penchant pour la poésie doit exclure des facultés de l'esprit cette rectitude de jugement qui nous fait apercevoir le vrai rapport des choses , et qui est si nécessaire dans l'exercice de l'art de guérir.

Le goût, sans lequel il n'y a pas de véritable poésie , est le jugement le plus exquis et qui s'exerce sur les rapports les plus déliés ; or comment supposer que les hommes chez qui les opérations de cette faculté tiennent à un tact si délicat et à une espèce d'instinct , doivent en être privés, lorsqu'ils ont à l'exercer avec plus de lenteur , et sur des objets qui offrent plus de prise? Jamais on ne croira que les inspirations du génie , qui produisent le beau en tout genre, soient les caractères d'un esprit qui manque de justesse , et que la nature fasse payer les dons brillans qu'elle n'accorde qu'à quelques êtres privilégiés , par la perte de ceux qu'elle ne refuse pas au commun des hommes.

Quand on songe que Petit appartenait à un grand nombre de sociétés savantes , tant étrangères que nationales , à celles de cette ville ; qu'il était exact à fréquenter leurs assemblées , un des plus assidus à leur payer le tribut de ses connaissances variées ; lorsqu'on se rappelle que ses concitoyens lui avaient donné la marque éclatante de distinction , de l'appeler au Conseil de la commune , au Collége des électeurs ; que le Gouvernement l'avait nommé au Jury médical , à celui de l'Ecole vétérinaire ; et qu'on rapproche de ces circonstances les nombreux travaux de son état , les veilles que lui ont coûté ses productions littéraires , on doit s'étonner de l'activité de son esprit.

Nous devons sans doute imputer à ce grand nombre de distractions en tout genre, le retard de la publication de son recueil d'Observations de chirurgie : elles sont consignées en très-grand nombre dans ses manuscrits , qui sont un précieux héritage pour le public ; mais le travail pour les publier n'est pas assez parfait pour que nous n'ayons pas à nous féliciter de ce qu'il a confié lui-même ce soin important à deux médecins remplis de zèle et de lumières.

Ses titres à la renommée littéraire seront donc complets , lorsqu'à la Médecine du cœur , au Tombeau du mont-Cindre , à des Mémoires et Rapports importans , on aura joint cet Ouvrage , qui sera le véritable monument des ses travaux utiles.

Le volume des œuvres de Petit, qui a pour titre , *la Médecine du Cœur* , renferme les discours qu'il a prononcés au commencement des cours de chaque année , pendant son

exercice de chirurgien en chef, les Epîtres à
Forlis, et des notes nombreuses et intéres-
santes.

Le choix des sujets de discours est heureux
et propre à favoriser l'union de l'éloquence
avec la marche méthodique du raisonnement.
Ce genre de composition semble peu propre,
par sa nature, aux discussions scientifiques :
employé dãns les circonstances d'appareil,
empruntant de la poésie la richesse du style,
la hardiesse des images et des figures, il est
plutôt destiné à parler à l'imagination, à
émouvoir la sensibilité, qu'à éclairer l'esprit.
Les pensées qu'on trouve dans ceux de Petit
sont cependant bien loin d'être à dédaigner,
sous ce dernier rapport. L'Eloge de Desault,
joint à des détails curieux et intéressans,
concernant la vie de ce chirurgien célèbre,
des aperçus heureux sur les procédés opéra-
toires et les instrumens les plus convenables
pour les exécuter. On rencontre dans le
Discours sur la douleur, des faits dignes d'être
recueillis, et très-capables de faire apprécier
les effets de ce terrible phénomène, qui est
tout-à-la-fois l'ennemi et le conservateur de
notre organisation.

Celui qui traite de l'influence de la révolution

sur la santé publique, offre des observations très-frappantes, et dont le médecin et le physiologiste doivent faire leur profit ; elles tendent à démontrer l'empire de la volonté sur le matériel de notre être ; que n'ont point encore assez étudié les hommes qui s'efforcent de dévoiler les mystères de notre vitalité.

Le compte rendu qui termina la série de ces discours est une esquisse rapide de l'Ouvrage qui doit présenter au public les observations de Petit. Elles ont été recueillies pendant neuf années de séjour à l'Hôtel-Dieu, ainsi que dans son exercice de la ville. Ce praticien actif inscrivait dans ses papiers tous les faits importans qui passaient sous ses yeux, et se réservait le soin de les coordonner par la méthode, pour en faire un corps de doctrine.

Puisqu'il devait être enlevé sitôt à la Société, il est sans doute malheureux qu'il n'ait pas mis la dernière main à l'Ouvrage qui devait être son plus précieux titre à la recommandation de la postérité ; mais en se plaçant dans le cours ordinaire des choses, on absoudra sa mémoire de tout reproche à cet égard, en songeant que pour la médecine il y a beaucoup de sagesse à retarder la publication des recueils d'observations, et quelque générosité à consentir ainsi à ajourner sa propre gloire.

Ce ne sont pas les œuvres qu'enfante le zèle prématuré de la jeunesse qui marquent dans les fastes de l'art de guérir. Desault, parvenu à l'âge de la maturité du talent, voulait qu'on oubliât son traité d'opérations : c'est lorsqu'on n'a plus rien à attendre des hommes , du côté de la fortune et de la réputation , lorsque la vivacité de l'esprit est tempérée par sa sagesse , qu'il convient de mettre au jour le fruit de son expérience. Parmi les dénominations que l'histoire donne à l'immortel médecin de l'ancienne Grèce , celle de vieillard tient le premier rang, comme si ce caractère était nécessaire pour sanctionner les oracles qu'il a transmis d'âge en d'âge.

L'homme de lettres cherchera dans les ouvrages publiés du vivant de Petit, et qui sont sur-tout les produits de son heureuse imagination , les pensées ingénieuses , et tout ce qui appartient à cette brillante faculté de l'esprit ; le médecin leur demandera des observations et des aperçus qu'il puisse appliquer à son art bienfaisant ; l'ami de l'humanité s'y complaira sans cesse dans l'expression des sentimens les plus nobles et les plus généreux ; ils ne se démentent jamais sous ce dernier rapport ; la voix d'une sensibilité compatissante s'y fait toujours entendre , et le plus souvent avec le charme d'une douce et persuasive éloquence.

Si celui qui se consacre à l'art de guérir , c'est-à-dire à l'art dans lequel le cœur doit souvent éclairer l'esprit, était assez malheureux pour ne pas trouver de tels sentimens gravés dans le fond de son ame ; la poésie et la prose de Petit les convertiraient pour lui en préceptes , et lui en feraient un heureux système.

Nous ne pouvons résister au désir de remplacer un moment la faiblesse de nos paroles par l'énergie et la chaleur de sa diction ; nous voulons vous faire entendre encore une fois cette voix qui a fait si souvent le charme de vos assemblées : il s'adresse aux élèves en chirurgie , à l'ouverture des Cours de l'Hôtel-Dieu, et il termine ainsi son éloquent discours sur la douleur.

« O vous pour qui j'ai crayonné cette faible
» esquisse de la douleur , élèves dans le plus
» beau des arts , que l'étude de ce sentiment
» pénible soit l'objet constant de vos médi-
» tations et de vos travaux. Songez , que la
» douleur est le fardeau le plus pesant dont
» nous ait chargé la nature , qu'elle empoi-

» sonne toutes les joies , toutes les félicités ;
» que personne ne veut la supporter long-
» temps ; ne l'appréciez jamais par ce qu'elle
» vous paraît être , mais par ce que le malade
» semble souffrir ; il n'est point de petite
» douleur pour celui qui souffre , et chacun
» veut être plaint. Gardez-vous de croire à
» toutes les promesses qu'elle enfante. Invo-
» qués comme des dieux au milieu des
» dangers, vous serez souvent oubliés comme
» eux : imitez-les alors ; et contens du bien
» que vous aurez fait, payez-vous par son
» souvenir. Lorsque vous armerez votre
» main du fer de la douleur , prenez toujours
» conseil de votre cœur ; lui seul vous appren-
» dra l'art de la rendre légère. Unissez les
» accens de la consolation aux cris d'une
» opération cruelle ; le son de votre voix,
» dans ces momens affreux , et le doux nom
» de l'espérance , sont le premier baume de
» vos blessures. Lorsque moins heureux , il
» vous faudra rester spectateurs impuissans
» de la douleur , n'offrez pas séchement la
» triste patience ; faites - la supporter par
» le langage du cœur ; songez que le malheu-
» reux qui souffre est avide d'illusions , et
» que vous les lui devez puisqu'il vous les

» demande ; enfin , quels que soient les cha-
» grins de votre état et les injustices dont on
» vous abreuve , soyez toujours les bienfai-
» teurs des hommes , et croyez qu'un titre
» aussi beau doit faire oublier bien des
» peines ! »

Il nous semble , Messieurs , que cette manière de s'exprimer, qui se reproduit à chaque
instant dans les ouvrages de Petit, ne s'adresse
pas moins au cœur qu'à l'imagination , et doit
les vivifier d'une douce et constante chaleur.

C'est au milieu de sa carrière, au moment
où il recueillait le fruit de sa réputation ,
lorsque les avantages de la fortune et de la
considération lui étaient assurés pour jamais ,
que Petit a été arrêté par une maladie des
plus graves. L'agitation continuelle dans laquelle il vivait depuis un grand nombre
d'années , doit être comptée parmi les
causes qui ont pu la déterminer. La vie d'un
médecin , sur qui repose le fardeau de la
célébrité , se compose de tant de sensations
diverses , sur-tout lorsqu'aux épines de son
art se joignent celles qui s'attachent néces-
sairement à la vie littéraire, que sa sensibilité
doit être mise à de continuelles épreuves ;
aussi ce fut dans ces régions irritables qui

répètent toutes les vibrations dont sont agités nos organes , que se fixèrent les premiers élémens de cette affection funeste. Les douleurs qui l'ont accompagné ont été cruelles, et ont duré plus de six mois ; il leur a opposé une douce et constante résignation , dans laquelle nous trouvons plus de vrai courage que dans ce stoïcisme dur et orgueilleux , qui n'est qu'un mouvement forcé de l'ame, et qui sort de la nature de l'homme.

Tout s'est réuni pour lui rendre plus pénible le sacrifice de la vie : le témoignage si fréquemment répété de l'affection de ses concitoyens , celui de l'estime des habitans des provinces éloignées , l'annonce de sa nomination à la place de Correspondant de l'Institut de France , qui est le plus grand honneur littéraire qu'on puisse obtenir dàns nos provinces , et qu'il reçut peu de jours avant sa mort. Ses peines n'ont pu être calmées que par les consolations qu'il a eu le bonheur de trouver au sein de cette Religion toute divine , qui , après avoir comprimé le fol orgueil de l'homme dans la prospérité , vient l'affermir et relever son courage dans la mauvaise fortune.

Enfin , il a terminé ses souffrances le 7

juillet de cette année, pleuré d'une famille dont il faisait le bonheur; de ses concitoyens, qui ont regretté en lui le médecin heureux, l'opérateur habile, l'homme qui savait répandre le charme le plus doux dans le commerce de la société, et qui tempérait l'austérité de son art par l'attrait de cette expressive bienveillance, qui ajoute tant de prix au talent et au savoir du médecin.

Petit fut bienfaisant, libéral; il ne refusa jamais l'appui de son crédit à ceux de ses jeunes collègues qui le sollicitèrent, et les vit sans envie s'élever à la réputation et à la fortune. Il ambitionna peut-être trop la faveur des hommes; mais il ne la recherca que par des moyens que la conduite la plus délicate n'aurait jamais pu désavouer. Je l'ai même entendu réduire en calcul le soin de ne jamais se démentir dans la loyauté des procédés, comme la voie la plus sûre pour parvenir à la considération publique; et en réfléchissant sur la nature humaine, il faut avouer que le cœur lui seul peut donner un tel conseil à la raison.

L'amour de la gloire prévalut en lui sur le désir des richesses; et l'on sait qu'après la vertu c'est le sentiment qui enfante le plus d'actions généreuses. La soif de l'or resserre l'ame , la concentre dans un froid égoïsme ; l'amour de la gloire la dilate au contraire , lui rend nécessaires l'estime et l'admiration de ses semblables , et lui fait tout entreprendre pour les obtenir.

Les dernières pensées de Petit ont été pour les tendres affections d'une famille qui lui était si chère , et de la prospérité de laquelle il lui restait à jouir , pour épuiser le petit nombre de sentimens heureux que là nature accorde à l'homme dans le cours de la vie ; les intérêts personnels ne l'ont cependant pas tellement occupé , qu'il n'ait pu porter ses souvenirs vers ces asiles consacrés à la souffrance et à l'infortune , qui avaient été les théâtres de ses succès, et dans lesquels son cœur s'était exercé à la bienfaisance; vers ces Sociétés savantes qu'il avait souvent éclairées de son savoir , encouragées de son émulation , dotées quelquefois de sa munificence. L'enceinte qui retentit en ce moment de son nom , possède un Recueil précieux conservé dans le riche dépôt commis à la garde de notre savant Collégue.

Il nous reste , Messieurs, de celui dont nous déplorons la perte en ce jour , un fils qu'il désirait de voir suivre la carrière dans laquelle il lui a tracé le sentier de la gloire. Nous ne saurions mieux honorer la mémoire du docteur Petit, qu'en faisant des vœux pour que l'héritier de son nom le soit aussi des talens qui le feront inscrire par la postérité dans la liste glorieuse des Parisot, des Lorrès, des Fleurant, des Pouteau, des Grassot, des Bouchet; et pour qu'il rappelle un jour les vertus aimables qui graveront à jamais la mémoire de son père dans le cœur de ses contemporains.